Vorwort

Dieses kurze Handbuch über die Grundlagen der Fotografie wird den Leser in leichten verständlichen Schritten und Worten in die Welt der Fotografie begleiten. Zu diesem Grundlagenwissen zählen **Blende, Belichtungszeit und die Empfindlichkeit des Bildsensors**, bzw. des Films in der analogen Fotografie. Dabei ist es unerheblich, ob eine Kamera der neusten Digitaltechnik oder eine mit Film benutzt wird. Ebenso spielt es keine Rolle, ob eine Spiegelreflex oder eine kompakte Kamera bedient werden soll. Die folgenden Grundlagen bedienen sich physikalischer Gesetze der Visualisierung. Bei der Videographie - der Aufnahme des bewegten Bildes - kommen die gleichen Grundsätze zur Anwendung.

Ganz bewusst wurde dieses Buch kurz gehalten und ist daher vielmehr ein zusammenfassendes Kurzhandbuch, dass den Einsteiger nicht mit zu vielen Unbekannten verwirren soll. Gleichwohl werden die wichtigsten technischen Elemente der Fotografie anschaulich beschrieben, sodass es unterstützend und interessant für den lernenden Anfänger ist. Sicherlich ist dieses Werk weder vollständig, noch abschließend, noch sonderlich ausführlich. Ziel dieses Buches ist es, dem Leser die groben Zusammenhänge der Fotografie näherzubringen und eine Verbindung zwischen den technischen Aspekten und dessen Auswirkungen auf das Bild aufzuzeigen.

Wenn du Nachfragen, Rückmeldungen, Anregungen, Kritik oder auch Verbesserungsvorschläge zu diesem Buch oder zu diesem Thema hast, würde ich mich sehr über eine Nachricht freuen:

E-Mail: buch@web-done.de
Internet: web-done.de

Die Blende

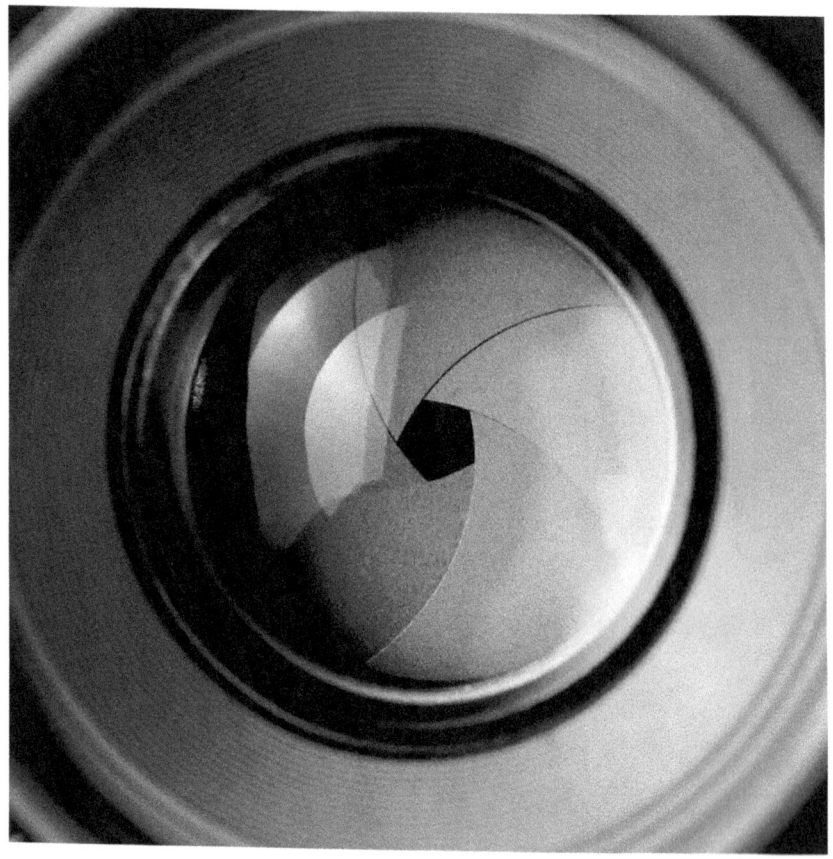

Canon EF 50mm 1,8 Objektiv bei Blende 9

Zunächst muss das Licht, aus welchem später ein Bild entsteht, die Blende in dem Objektiv passieren. Selbst die einfachsten Handykameras und uralte Fotoapparate haben eine Blende. In diesen ist die Blende regelmäßig fixiert und nicht verstellbar. Jedoch haben nahezu alle weiteren Kameras eine variable Blende. Die Blendenwerte werden oft mit f, f-stop oder auch als Lichtstärke bezeichnet.

WELCHE AUFGABE HAT DIE BLENDE?

Die Blende reguliert die Menge des Lichtes, das durch das Objektiv fallen soll. Sie kann geöffnet und weiter geschlossen werden. Die Funktion der Blende ist mit der eines Wasserhahnes vergleichbar. Je offener die Blende oder der Wasserhahn ist, desto mehr Licht bzw. Wasser wird durchgelassen.

WIE LESE ICH DIE BLENDENANGABEN?

Die maximale Blendenöffnung ergibt die Lichtstärke eines Objektivs und ist häufig ein Qualitätsfaktor. Die maximale Blendenöffnung wird auch Offenblende genannt. Einer der niedrigsten Werte ist hier f 1,2. Es sind theoretisch auch Blenden von < 1 möglich. Diese spielen jedoch in der Praxis keine Rolle.

Vorsicht! Wohl jeder Einsteiger neigt dazu die Blendenwerte umgekehrt zu deuten. Große Blendenwerte stellen keine weit geöffnete Blende dar, sondern eine eher geschlossene. Kleine Blendenwerte lassen auf eine weit geöffnete Blende schließen. Ein sehr großer Wert, wie z.B. f 36 bedeutet, dass die Blende weit geschlossen ist. Der Wert der maximalen Blendenöffnung ist meist auf der Vorderseite des Objektivs abzulesen. Häufig wird dieser Zahlen ein „1:" vorangestellt. Diese Zahl darf getrost ignoriert werden. Eine mathematische Erklärung würde an dieser Stelle zu weit gehen und ist in der Praxis keine Hilfe.

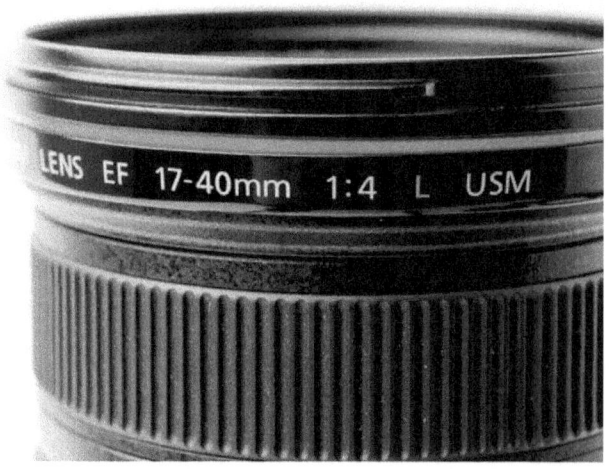

Canon EF 17-40mm Objektiv mit einer Offenblende von 4

In der Regel kann die Blendenzahl in Drittel-Blendenstufen verändert werden. Eine Blendenstufe ist jeweils die Verdopplung oder Halbierung der Bildhelligkeit. Will man die Blende um eine Blendenstufe verändern, muss demnach die Blendenzahl um drei Positionen verändert werden. Damit du einen kleinen Überblicke über die üblichen Blendenzahlen erhältst, habe ich eine nicht abschließende Übersicht eingefügt. Ganze Blendenstufen sind grün hinterlegt.

1,4	1,6	1,8	**2**	2,2	2,5	**2,8**	3,2	3,5
4	4,5	5	**5,6**	6,3	7,1	**8**	9	10
11	13	14	**16**	18	20	**22**	25	29

WELCHEN EINFLUSS HAT DIE BLENDE?

Zunächst bestimmt die Blende die Menge des einfließenden Lichts. Je offener die Blende, umso mehr Licht strömt durch das Objektiv. Mehr Licht bedeutet auch immer ein helleres Bild. Eine logische Folgerung ist, dass man einen möglichst geringen Blendenwert - also eine stark offene Blende - bei Aufnahmen mit wenig Licht nutzen sollte. Daher stammt auch der Begriff der Lichtstärke. So wird das Licht, je nach eingesetztem Objektiv, in der größtmöglichen Menge durchgelassen.

Neben der Lichtmenge, die die Blende beeinflusst, ist sie eines der wichtigsten gestalterischen Mittel in der Fotografie. Durch eine weit geöffnete Blende verringert sich der Schärfebereich der Aufnahme. Die sogenannte Schärfentiefe (häufig auch Tiefenschärfe genannt) nimmt ab. Wenn die Blende eher geschlossen ist, wird der Schärfebereich größer - die Schärfentiefe nimmt zu. Dieser Effekt wird auch in der Videographie häufig genutzt. Dies dient dazu den Betrachter auf ein bestimmtes Motiv im Bild zu lenken. Wenn dieses Motiv scharf und der Rest des Bildes unscharf ist, hat man das Motiv freigestellt. Weiterhin haben die Brennweite des Objektivs und der Abstand zum Motiv Einfluss auf die Schärfentiefe . Dazu später mehr. Die folgenden drei Bilder zeigen dir die Auswirkungen einer offenen, einer mittleren und einer geschlossenen Blende.

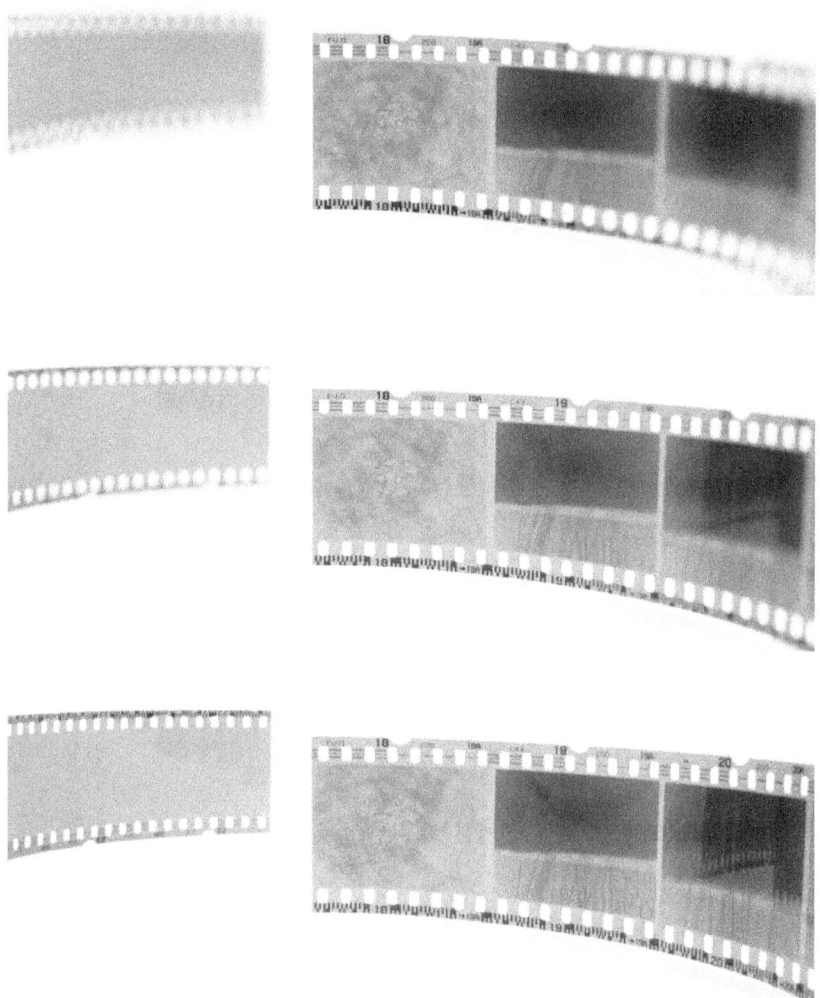

Von oben nach unten: Blende 2.5, 8, 32

TECHNIK

Die Blende besteht meist aus mehreren Lamellen. Durch deren Anzahl kann die Rundheit der Blendenöffnung optimiert werden. Je mehr Blendenlamellen ein Objektiv hat, umso runder wird die Blendenöffnung. Das hat wiederum Einfluss auf die Qualität des unscharfen Bereiches eines Bildes. Mehr Lamellen lassen den unscharfen Bereich gleichmäßiger, ruhiger und natürlicher aussehen. Der unscharfe oder verschwommene Bereich wird auch mit dem japanischen Wort „Bokeh" bezeichnet.

Objektive haben mindestens 5-6 Lamellen. Große hochwertige Objektive können auch 19 oder mehr Lamellen haben. Bei modernen Spiegelreflexkameras wird immer die Offenblende für das Sucherbild benutzt. Oft haben diese Kameras deshalb auch eine Abblendtaste, die sich häufig in der Nähe der Objektivaufnahme - des Bajonetts - befindet. Diese verändert den gewählten Blendenwert während man durch den Sucher schaut, um das Bild und die Schärfe bzw. Schärfentiefe beurteilen zu können. Wird die Blende ein wenig geschlossen, macht sich nicht nur die erhöhte Schärfentiefe bemerkbar, es nimmt auch die Helligkeit des Suchers etwas ab. Ansonsten springt die Blende erst auf den eingestellten Wert, wenn der Auslöser gedrückt und das Bild aufgenommen wird. Diese Blende wird als Automatikblende oder passender als Springblende bezeichnet. Bei älteren analogen Kameras lässt sich die Blende häufig durch einen Drehring direkt am Objektiv mechanisch verstellen.

EXKURS

Die vorgenannten Eigenschaften der Blende hören sich zunächst relativ abstrakt an. Jedoch nutzt jeder Mensch 16 Stunden am Tag die Technik der Blende ganz unbewusst. Dies jedoch nicht in Form einer mechanischen Konstruktion, sondern durch unser Auge. Auch hier gibt es eine Blende, die Iris. Deshalb wird auch in der Fotografie von einer Irisblende gesprochen.

Das stimmt jedoch nicht ganz. Beim Menschen spricht man hier von der Pupille, die je nach Helligkeit verkleinert oder vergrößert wird. Bei Sonnenlicht ist unsere Pupille eher klein, um weniger Licht hinein zu lassen. Bei Dunkelheit vergrößert sich die Pupille deutlich. Genau so, wie sich der Automatikmodus einer Kamera auch verhält - eine Offenblende bei Dunkelheit und eine leicht geschlossene Blende bei Tageslicht.

Viele nachtaktive Tiere können auch bei Dunkelheit sehen. Das stimmt so leider auch nicht. Auch eine Katze kann bei 100%iger Dunkelheit nichts sehen. Aber Katzen können wesentlich besser bei Dunkelheit sehen als der Mensch. Das liegt mitunter daran, dass Katzen ihre Pupille weiter öffnen können und so mehr Licht in das Auge einfällt. Das Prinzip der variablen Blende hat also seinen Ursprung in der Natur.

Das Spiel mit der Schärfentiefe kennt man auch aus Hollywood. In vielen Filmen wird durch das Spiel mit der geringen Schärfeebene ein Motiv freigestellt. Im Ergebnis fokussiert das menschliche Auge immer zunächst die Person oder das Objekt, welches scharf erscheint. Diesen Reflex machen sich Regisseure gerne zu nutze, um den Betrachter auf das Wesentliche einer Szene zu lenken. Auch in der Fotografie bekommt zunächst das scharfe Motiv die höchste Aufmerksamkeit. Wobei der unscharfe Bereich - das Bokeh - auch gezielt zur Bildwirkung beitragen kann.

Die Belichtungszeit

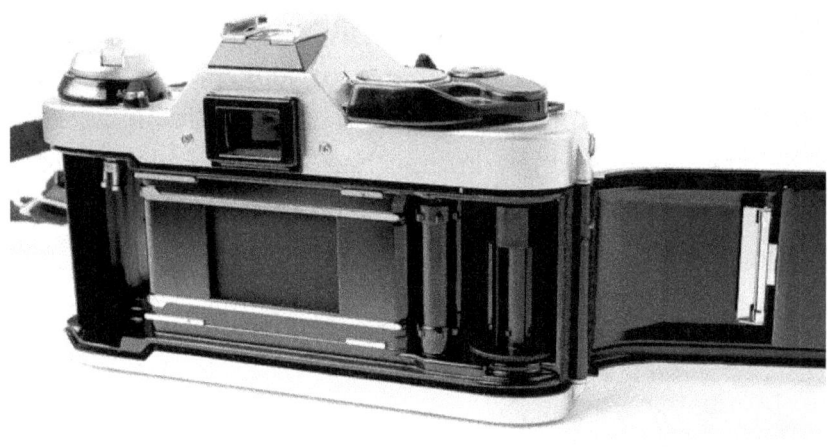

Canon AE-1 mit Tuchverschluss

Die Belichtungszeit oder auch Verschlusszeit ist die Zeit, in der Licht auf den Bildsensor oder dem Film fällt. Sofern ein Verschluss vorhanden ist, steuert dieser die Dauer der Belichtung.

Wozu dient die Belichtungszeit?

Die Belichtungszeit bestimmt - wie die Blende - die Menge des Lichtes, die zur Erstellung des Bildes benötigt wird. Je länger der Bildsensor Licht aufnimmt, umso heller wird das Bild. Je kürzer die Verschlusszeit ist, umso dunkler wird das Bild. Der Vergleich mit dem Wasserhahn ist auch hier möglich. Auch durch einen Wasserhahn fließt mehr Wasser, je länger man ihn offen lässt.

WIE WERDEN BELICHTUNGSZEITEN ANGEGEBEN?

Belichtungszeiten werden immer in Sekunden dargestellt. Ganze zahlen bedeuten ganze Sekunden. 2 oder 5 bedeutet demnach, dass der Sensor für 2 oder 5 Sekunden das Licht aufnimmt. Alle Zeiten unter einer Sekunde werden in Brüchen dargestellt. Wobei auch hier etwas Verwirrung auftreten kann. Denn je höher der Bruch, umso kürzer die Verschlusszeit. So ist eine 1/10 Sekunde länger als eine 1/250 Sekunde, trotz dem der letztgenannte Bruch mehr Ziffern hat. Viele Kameras können zwischen 30 Sekunden und 1/4000 Sekunden belichten. Zusätzlich gibt es häufig eine sogenannte „Bulb-Funktion". Hier wird der Sensor solange belichtet, wie der (Fern-)Auslöser betätigt wird. Das können Sekunden oder Minuten sein, aber auch Stunden oder Tage sind möglich.

WELCHEN EINFLUSS HAT DIE BELICHTUNGSZEIT?

Neben der bereits genannten Helligkeit, beeinflusst die Belichtungszeit auch noch andere Bildeinflüsse. Moderne Kameras werden in der Regel so benutzt, dass die Zeit automatisch berechnet wird. Meist ist es wichtiger die Blende manuell zu steuern. Jedoch ist die Belichtungszeit bei Freihandfotos in bestimmten Situationen sehr wichtig. Gerade bei schlechten Lichtverhältnissen können Bilder schnell durch die Bewegungen des Fotografen verwackeln.

Als Faustformel ist hier der sogenannte Kehrwert der Brennweite anzusetzen. Was genau die Brennweite ist, werde ich später noch erläutern. Wenn z.B. ein Objektiv mit 50mm Brennweite benutzt wird, so sollte mindestens mit einer 1/50 Sekunde belichtet werden. Hier gilt jeweils die Brennweite, welche adäquat zum 35mm Kleinbildformat umgerechnet wird. Das hört sich kompliziert an, ist es auch. Benutzt du z.B. einen Bildsensor, der um den Faktor 1,6 kleiner ist als das Kleinbildformat, so muss die Brennweite von 50mm mit dem Faktor - hier 1,6 - multipliziert werden. Man erhält so eine Mindestverschlusszeit von 1/80 Sekunde. In der Praxis ist das kaum machbar. Es hilft durch "try and error", "learning by doing" oder wie der Fotograf sagt "learning by viewing", also schlicht durch Prüfen des Bildes herauszufinden, ob das Bild bei einer bestimmten Belichtungszeit noch scharf ist. Dieser Vorgang ist oft effizienter, als eine entsprechende Berechnung durchzuführen. Außerdem lernt so der Fotograf seine Kamera und seine Brennweiten etwas besser kennen. Nach einigen Versuchen kann man gut abschätzen, welche Brennweite bei welcher Belichtungszeit an der eigenen Kamera noch scharfe Bilder abliefert. Zudem kommt es noch darauf an, wie still der Fotograf die Kamera halten kann. Im folgenden Beispiel wurde freihand mit einem 50mm Objektiv an einer Kamera mit einem Bildsensor im 35mm Kleinbildformat fotografiert.

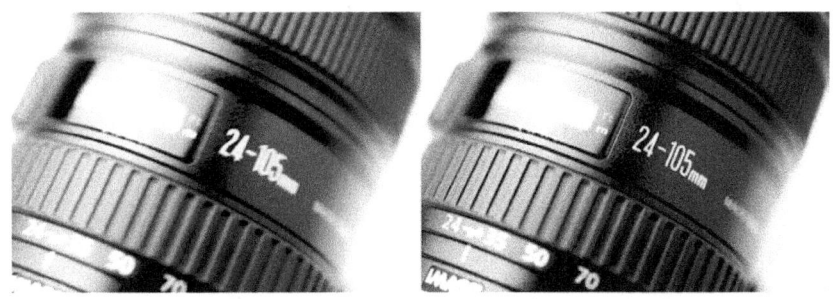

links: verwackelt bei 1/10 Sekunde, rechts: scharf bei 1/1000 Sekunde

Belichtet man länger, so sollte man ein Stativ benutzen. Es sind auch längere Belichtungszeiten möglich, wenn der Fotograf die Kamera z.B. auf einen Zaun, einer Mauer, einem Baum oder auf einem Verkehrsschild ablegen kann oder zumindest die Kamerabewegungen dadurch vermindert. Auch durch Konzentration und kontrollierte Atmung können nicht nur Scharfschützen ihre Gewehre, sondern auch Fotografen ihre Kameras wesentlich stabilisieren. Dieser Effekt bringt im Alltag am meisten und wird häufig unterschätzt. Viele Bilder könnten durch diese Technik - auch bei guten Lichtverhältnissen - an Schärfe gewinnen. Dieser Fehlerursache für unscharfe Bilder wird nur selten die nötige Beachtung geschenkt.

Es gibt auch noch eine zweite, nicht zu unterschätzende Möglichkeit der Verwacklung. Diese tritt häufig auf, wenn sich das Motiv bewegt. Musterbeispiele sind Sport- oder Kinderfotos oder auch fahrende Autos oder fliegende Flugzeuge. Es hilft hier meist die Belichtungszeit zu reduzieren. Dies geht oft auf Kosten einer geringeren

Schärfentiefe durch eine offenere Blende oder durch höheres Rauschen aufgrund einer höheren ISO. Dazu später mehr. Geübte Fotografen können auch die Kamera mit dem sich bewegenden Motiv mitziehen. Die sogenannten Mitzieher zeichnen sich dadurch aus, dass das Motiv relativ scharf ist, der Hintergrund durch die Bewegung verschwommen/ verwackelt ist. Oft sieht man solche Mitzieher in Form von fahrenden Autos. Spannend ist dieses Thema auch bei Blumen- oder Insektenfotos. Häufig gibt es hier Bewegungen durch den Wind. Gerade bei solchen Motiven kommt es auf eine hohe Schärfe an. Deshalb sollte man Motive, die windempfindlich sind, nur an nahezu windstillen Tagen fotografieren.

Um die Belichtungszeit künstlich zu verlängern, gibt es auch Filter, die vor dem Objektiv angebracht werden können. Ein Graufilter oder auch ND-Filter (Neutraldichtefilter) vermindert die Menge des Lichtes, sodass auch bei Tageslicht längere Verschlusszeiten möglich sind. Um zu zeigen was alles mit sehr langen und sehr kurzen Verschlusszeiten möglich ist, habe ich drei Beispielbilder eingefügt.

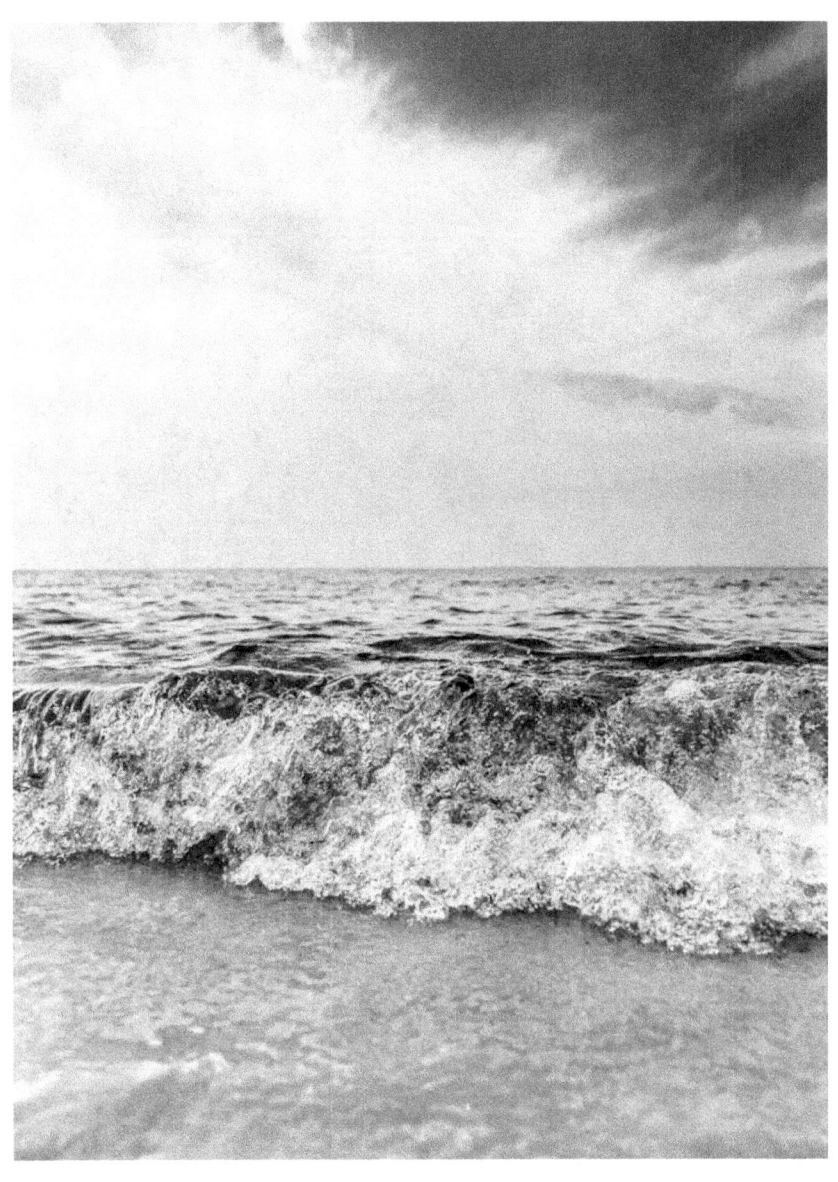

kleine Welle, 1/4000 Sekunde belichtet

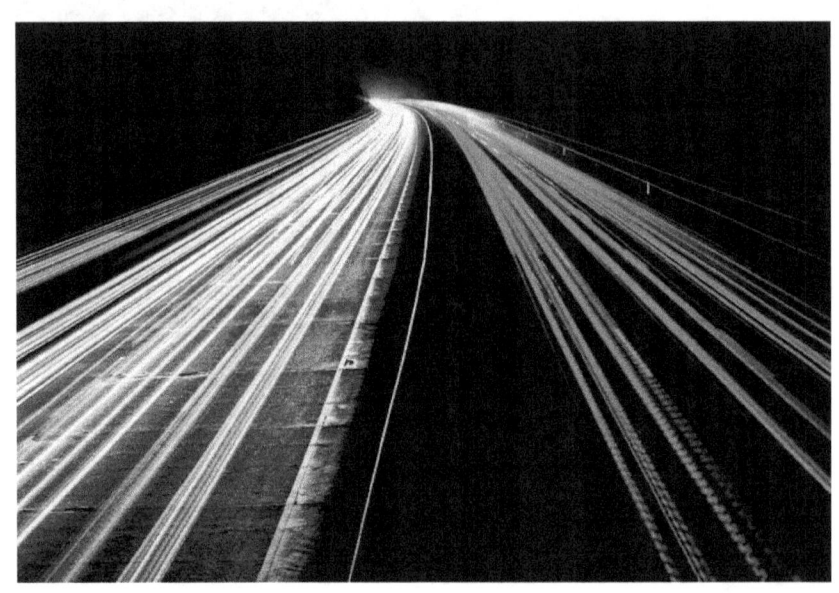

Autobahn bei Nacht, 30 Sekunden belichtet

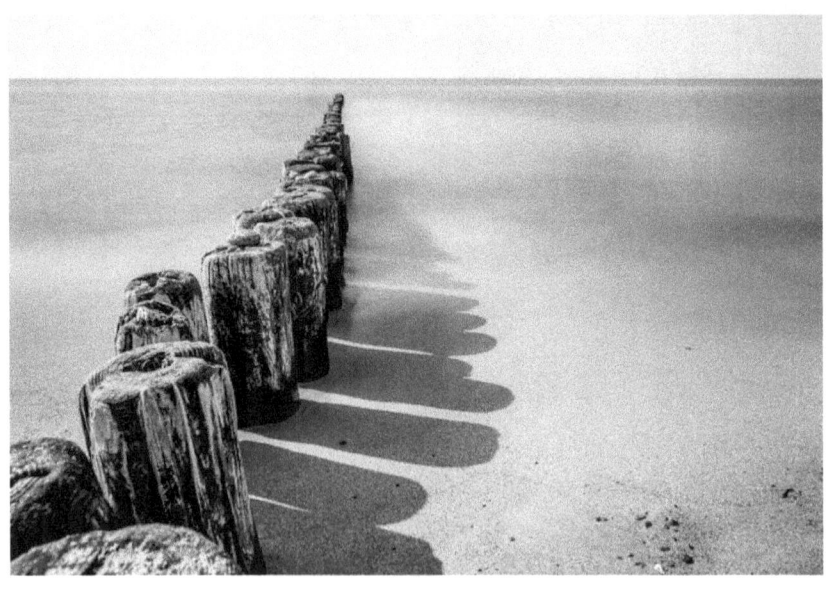

Buhne an der Ostsee, mit Graufilter 30 Sekunden belichtet

TECHNIK

Die ersten Kameras haben noch viele Sekunden oder Minuten lang belichtet. Da hat es oft gereicht den Objektivdeckel zu entfernen und wieder aufzusetzen. Heute wird ein Bild in Sekundenbruchteilen aufgezeichnet. Wir sprechen von bis zu 1/8000 oder 0,000125 Sekunden. In der Regel wird die Belichtung in digitalen Kameras auf unspektakulärem elektronischen Weg umgesetzt. Digitale Spiegelreflexkameras besitzen neben der Mechanik des hochklappenden Spiegels, mit welchem der Bildsensor freigegeben wird, auch einen doppelten Vorhang. Der doppelte Vorhang ist ein analoges Relikt. Es fahren zwei Vorhänge nacheinander hinunter und lassen so Licht auf den Bildsensor. Bei schnelleren Verschlusszeiten ist die Belichtungszeit so kurz, dass die Vorhänge so schnell hintereinander ausgelöst werden, das nur ein kleiner Lichtschlitz am Sensor entlang fährt. Deshalb wird dieser auch Schlitzverschluss genannt.

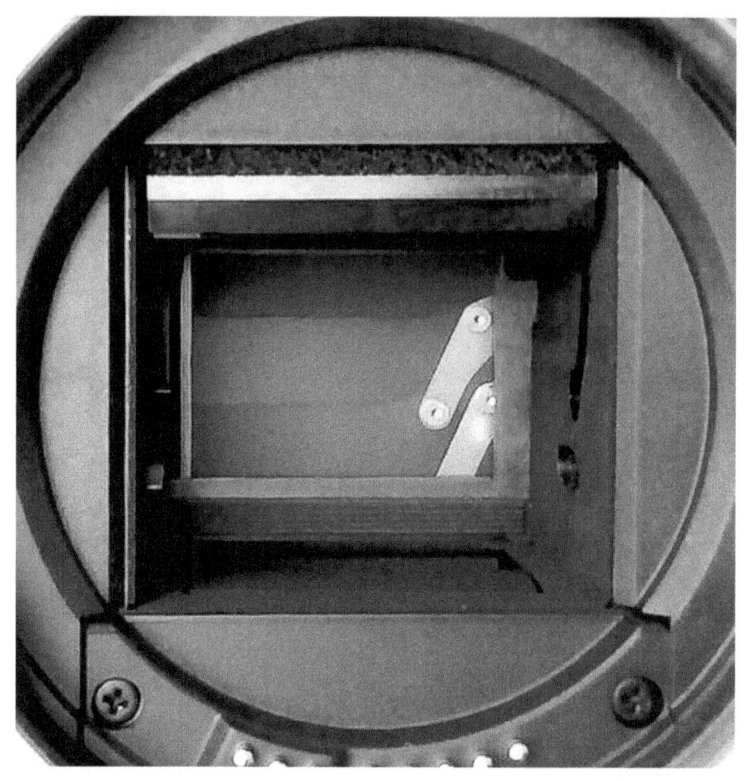

Lamellen-Schlitzverschluss einer Canon EOS 1000D

Die Geräusche einer Spiegelreflexkamera entstehen zum Teil durch den Vorhang. Wesentlich lauter ist das hoch- und runterklappen des Spiegels. Wie das Geräusch einer zufallenden Tür eines Autos von Sounddesignern entwickelt wird, hat auch jede Kamera ein markantes Auslösegeräusch. Nur vollkommen digitale Systeme sind geräuschlos. Aber selbst hier wird durch abspielen eines Auslösegeräusches ein Verschlusston nachgeahmt.

EXKURS

Analog fällt mir weder aus der Natur, noch aus der Filmerei ein vergleichbarer Vorgang ein. Das macht die Belichtung in der Fotografie gerade so interessant. Wenn man denn so will, ist es ein künstlicher Vorgang. So können Szenen erfasst werden, die in Bruchteilen einer Sekunde ablaufen. Man kann einen Vogel in der Luft scheinbar bewegungslos einfrieren. Umgekehrt kann auch ein Sternenhimmel minuten- oder stundenlang belichtet werden, um ein Meer aus Strichen und Streifen zu erhalten. Bei längeren Belichtungszeiten findet quasi jedes Motiv einen Platz auf dem späteren Bild. Je länger und heller sich etwas in der Szene befindet, umso klarer wird es abgebildet. Es ist möglich durch eine länger belichtete Szene zu laufen, ohne später auf dem Bild entdeckt zu werden. Man kann auch Motive künstlich hervorheben, indem diese mit einer Taschenlampe oder einem Blitz beleuchtet werden. Teile des Bildes, die aufgehellt werden, können so dominanter abgebildet werden. Beliebt sind auch Bilder, auf denen direkt mit einer Taschenlampe etwas in der Luft gemalt wird.

Sehr wichtig ist noch zu wissen, dass Zeit durch Licht ersetzt werden kann. So funktioniert auch das Blitzlicht. Müsste man ein Bild mit wenig Licht länger belichten, so hilft ein Blitz die Belichtungszeit kurz zu halten. Das klappt jedoch nur bei Motiven, die sich nicht allzu weit entfernt befinden.

Mit einem Blitz lassen sich auch Szenen einfrieren. Ein Blitz leuchtet etwa 1/10.000 Sekunde oder auch weniger.

In dieser sehr sehr kurzen Zeit, lassen sich verhältnismäßig unabhängig von der Belichtungszeit Motive einfrieren. Tropfen die auf Wasser treffen oder springende Menschen können so noch schärfer abgebildet werden. Dabei ist aber darauf zu achten, dass das Umgebungslicht nur Schwach ist und der Blitz als möglichst einzige Lichtquelle genutzt wird.

Interessanterweise, so abstrakt dieses Thema auch ist, hat die Fotografie genau hier ihren Ursprung. Denn im Grunde wird Licht - in der gesamten Zeit der Belichtung - aufgezeichnet. Aus dem griechischen stammt der eingedeutschte Begriff der "Fotografie", der in etwa das "Malen mit Licht" beschreibt. Und das beschreibt die längeren Belichtungszeiten vortrefflich.

Die Lichtempfindlichkeit

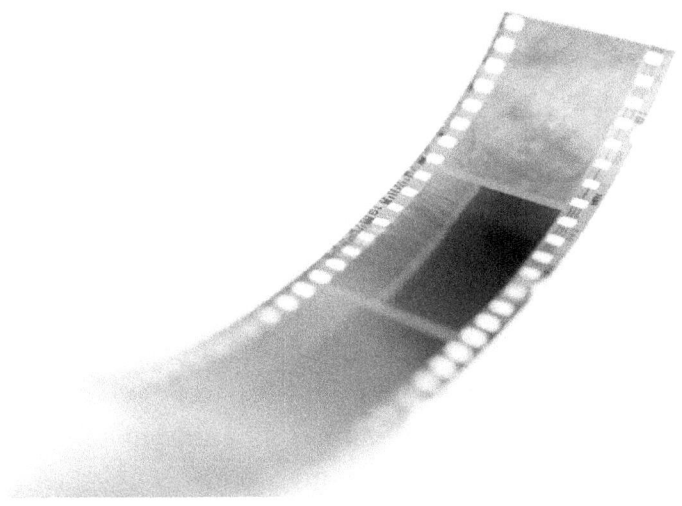

Der relativ alte ISO-Wert, der schon jedem Analogfotografen ein Begriff sein sollte, wurde eins zu eins in die digitale Welt übernommen. Nur wird in der digitalen Welt nicht durch einlegen eines Films mit einer bestimmten ISO die Bildempfindlichkeit vorgegeben, sondern kann für jedes Foto individuell gewählt werden.

WAS BEEINFLUSST DIE LICHTEMPFINDLICHKEIT?

Im Gegensatz zur Blende und zur Belichtungszeit hat die ISO keine gestalterische Auswirkung. Es wird wie bei den bereits zuvor genannten Faktoren die Helligkeit des Bildes verändert. Der einzige auftretende Nebeneffekt ist negativ. Durch höhere ISO-Werte rauscht der digitale Sensor mehr oder der analoge Film ist grobkörniger aufgelöst. Je höher die ISO, umso mehr Licht wird vom Bildsensor in der gleichen Zeit aufgenommen. In dem Vergleich zum Wasserhahn würde es bedeuten, dass man den Druck, mit dem das Wasser aus dem Hahn strömt, verändern würde. Je höher der Wasserdruck, desto mehr Wasser fliesst aus dem Hahn. Eine Folge des hohen Wasserdrucks ist, dass das Wasser etwas mehr spritzt, so wie es bei den Kameras bei höheren ISO-Werten zu mehr Rauschen kommt.

Gerade bei schlechten Lichtverhältnissen ist es von Vorteil eine Kamera mit guter ISO-Leistung zu haben. So können die Werte der Blende und Belichtung unabhängiger von den Lichtverhältnissen benutzt werden.

Noch wichtiger ist es, dass der Fotograf seine Kamera genau kennt. In jeder Situation sollte dieser wissen, welche ISO in einer Situation mit der Kamera noch möglich ist. Von daher empfiehlt es sich, die Kamera vorab auszutesten, welche ISO in welcher Bildgröße noch akzeptable Ergebnisse liefert. Hier gilt es einen individuellen Mittelwert aus einer möglichst hohen ISO zu wählen, unter Berücksichtigung einer geringen Belichtungszeit, die mit der Hand noch gehalten werden kann, sodass das Bild nicht zu stark rauscht und nicht verwackelt ist.

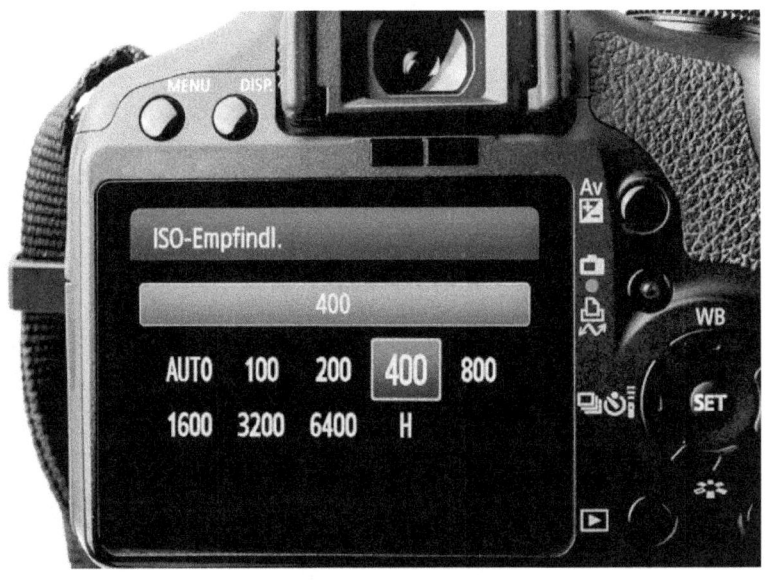

WELCHE WERTE DER LICHTEMPFINDLICHKEIT GIBT ES?

Der seit 1974 eingeführte ISO-Standard hat sich neben ASA oder GOST Werten bis heute durchgesetzt. Die ISO-Werte beginnen häufig bei 50 oder 100 und sind nach oben hin offen. Analog und digital wird meist ein Vielfaches von 50 verwendet. Eine Verdopplung der ISO bedeutet eine ganze Blendenstufe mehr Licht. Eine Blendenstufe ist jeweils die Verdopplung oder Halbierung der Bildhelligkeit. Viele digitale Kameras beginnen erst bei ISO 100 oder 200. Die Höhe der Lichtempfindlichkeit ist ein wichtiger Qualitätsfaktor eines Bildsensors. Jedoch sollte das erhöhte Bildrauschen bei hohen ISO's beachtet werden. Aktuelle DSLR's - also Spiegelreflexkameras - können derzeit eine ISO bis 409.600 haben. In der Praxis werden solche Werte jedoch unbeachtlich selten eingesetzt und sie dienen vielmehr dem Marketing der Kamerahersteller. Daher ist die Aussage: „Mehr ISO, mehr besser!" so nicht generell anwendbar.

TECHNIK

In der Digitalfotografie wird die ISO durch eine Steigerung der Stromspannung der einzelnen Bildpunkte erhöht. Das hat den störenden Nachteil, dass hierdurch die Genauigkeit der Bildpunkte abnimmt, so dass - je höher die ISO ist - falsche Farben und Helligkeiten aufgezeichnet werden. Sichtbar im Bild wird dies durch das Bildrauschen. Ein Vorteil ist es, wenn die einzelnen Bildpunkte größer sind. Diese Größe wird durch die Auflösung des Sensors, also den Megapixeln und der Sensorgröße beeinflusst. Umso kleiner der Bildsensor, desto größer das Bildrauschen. Je weniger Megapixel, desto niedriger das Bildrauschen. Somit sind kleine Sensoren mit vielen Megapixeln tendenziell nicht empfehlenswert.

Handys sind ein gutes Beispiel hierfür. Die Sensoren sind oft so klein und die Pixel so dicht, dass die Bilder schon bei leichter Dämmerung schnell rauschen. Größere Sensoren haben hier demnach einen Vorteil. Leider sind diese auch relativ teuer. DSLR's mit einem Bildsensor im 35mm Format, der so groß ist wie ein analoger Kleinbildfilm, leisten hier sehr gute Arbeit. Leider sind Kameras mit solchen großen Sensoren auch teuer. Kameras mit einem Crop-Sensor, (Cropfaktor zwischen 1,5 und 1,6) - also einem kleineren Formatfaktor - im APS-C-Format, stellen einen guten Kompromiss aus Bildqualität und Preis dar. Die meisten Spiegelreflexkameras für Amateure besitzen einen Bildsensor im APS-C-Format.

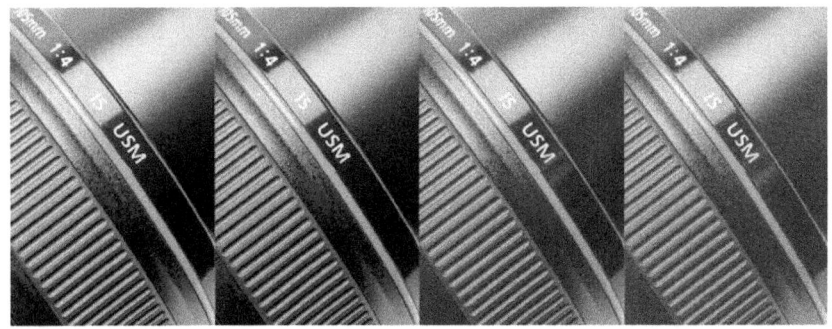

Canon EOS 6D ISO-Testreihe von links nach rechts:
200, 6.400, 25.600, 51.200

In den letzte Jahren gibt es auch immer mehr spiegellose Systemkameras, die große Sensoren nutzen. Diese haben keinen optischen Sucher und benötigen dadurch keinen Spiegel. Das hat Einfluss auf die Größe des Gehäuses. Dieses kann dadurch auf die Größe von Kompaktkameras schrumpfen. Diese Kameramodelle haben ein verwirrendes Sammelsurium an neuen Begriffen auf den Markt gebracht. Sie werden DSLM, EVIL, CSC, MSC, MILC oder mit anderen Buchstabenkombinationen abgekürzt. Dazu gesellen sich noch zahllose weitere Marketingbegriffe. Es ist aber zu beachten, dass Systemkameras noch immer ein mehr oder weniger großes Objektiv benötigen, was das kompakte Kameragehäuse in einer anderen Relation erscheinen lässt.

Wer oft ein Telezoom-Objektiv benutzt, wird keinen großen Nutzen aus einer Systemkamera ziehen können.

EXKURS

Jetzt wird es wieder spannender. Viele nachtaktive Tiere haben nicht nur eine größere Pupille, sondern auch Schwächen in der Wahrnehmung von Farben. Dieser Nachteil scheint mit dem Vorteil verknüpft zu sein, dass die grundsätzliche Lichtempfindlichkeit der Netzhaut höher ist. Die biologischen und technischen Zusammenhänge sind zwar vollkommen unterschiedlich, aber die Auswirkungen sind ähnlich.

Zu den Anfängen der digitalen Fotografie konnten die Bildsensoren nicht mit der Lichtempfindlichkeit von analogen Filmen mithalten. Das hat sich im Laufe der Jahre vollkommen geändert. Eine DSLR mit ISO 409.600 und einem lichtstarken Objektiv könnte man fast als "Nachtsichtgerät" bezeichnen und hat den Film schon lange überholt. Die Entwicklung der Lichtempfindlichkeit ist fließend und jedes Jahr gibt es bessere und rauschärmere Bildsensoren. Viele Hersteller setzen daher die ISO als Kaufargument neuer Modelle ein.

Was heute noch gilt, kann schon morgen obsolet sein. Noch vor einige Jahren waren Vollformatkameras ein Muss, wenn es darum ging, bei einer höheren ISO gute Bildergebnisse zu erzielen. Diese Regel gilt heute nur noch unter Einschränkungen. Selbstverständlich leisten große

Bildsensor noch immer bessere Arbeit. Aber es gibt auch schon viele Spiegelreflexkameras mit einem Crop-Sensor, der heute das leistet, was vor etwa 6 Jahren nur eine professionelle 35mm Vollformat-DSLR konnte.

Der Zusammenhang

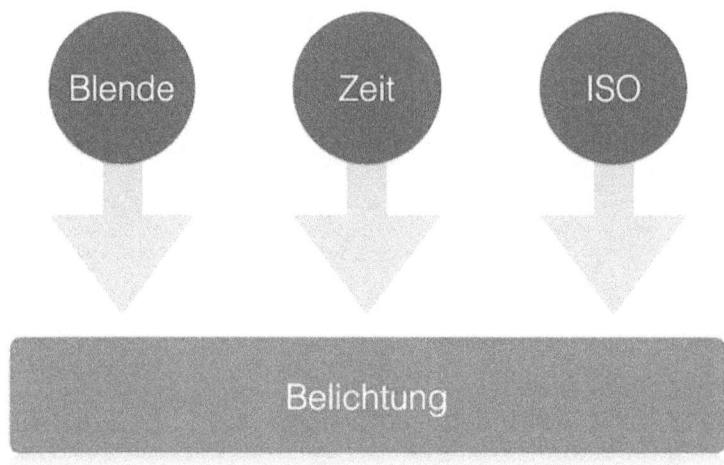

Nachdem wir jetzt einiges über die Blende und deren verwirrenden Werte, der Belichtungszeit und den komplizierten Brüchen sowie der Lichtempfindlichkeit und einem seltsamen Rauschen gehört haben, so sollen auch Zusammenhänge dieser Werte kein Geheimnis bleiben. Wobei man die konkreten Zusammenhänge durch mitdenkende Elektronik der Kameras nicht zwingend wissen müsste. Es ist aber jederzeit hilfreich die Automatiken einer Kamera sinnvoller zu nutzen, wenn man sich über deren Auswirkungen und den oben genannten Zusammenhängen bewusst ist.

Muss ich immer auf alle Werte achten?

Grundsätzlich nicht. Nahezu alle Kameras haben Automatikmodi, mit denen sich nur die Werte verstellen lassen, die man auch beeinflussen möchte. Legt man keinen Wert auf gestalterische Mittel, so kann man auch im Automatikmodus sehr gute Bilder schießen. Man sollte es nicht überbewerten, alles ständig manuell und optimal einzustellen. Vielmehr kommt es in der Fotografie nicht selten auf andere, auf kreative Dinge an. Der Bildausschnitt und die Komposition sind oft wichtigere Komponenten. Trotzdem sollte man die technischen Grundlagen nicht vollständig außer Acht lassen. Diese dienen aber immer nur als Mittel zum Zweck und machen nicht allein ein gutes Foto. Ein gut komponiertes Foto kann unscharf sein. Genau so kann auch ein schlechter Bildaufbau ein scharfes Foto unattraktiv machen. Es kommt fast immer auf alle Details an. Diese vielen Faktoren machen für viele Fotografen den Reiz und die Leidenschaft zur Fotografie aus.

Nichtsdestotrotz kann man sehr viele Effekte durch die Veränderung unterschiedlicher Parameter nutzen. Häufig reicht es aber, wenn nur ein Parameter manuell eingestellt wird und die Kamera weitere automatische Funktionen beibehält. Insbesondere bei sich permanent verändernden Lichtbedingungen ist eine Automatik ratsam. Dadurch berechnet die Kamera für jede Auslösung die Bildhelligkeit neu. Natürlich kann es auch hier unerwünschte Ergebnisse und Schwankungen geben, aber es ist immer noch zuverlässiger als eine ausschließlich manuelle Konfiguration.

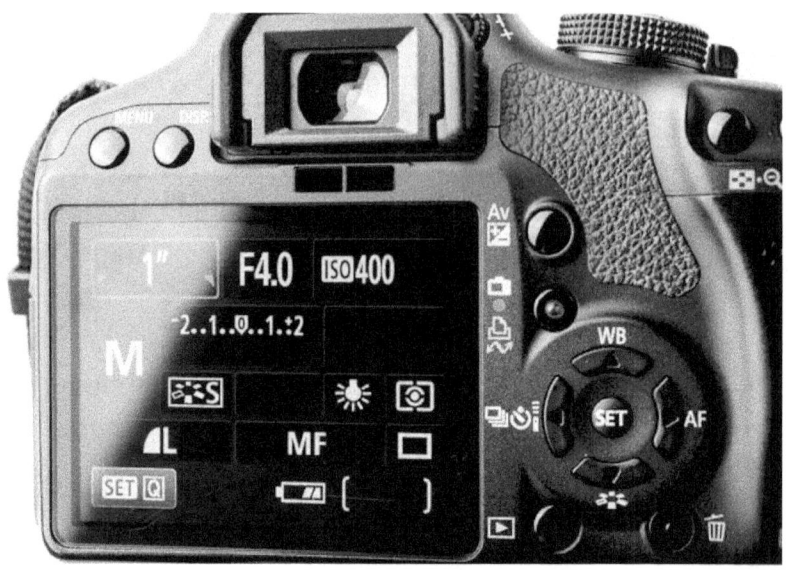

Weiterhin bieten viele Kameras dem Nutzer die Möglichkeit an, auch im Vollautomatikmodus die Bildhelligkeit zu variieren. Durch eine Belichtungskorrektur, die meist in Drittel-Blendenstufen konfiguriert wird, kann die Helligkeit des Bildes verändert werden. Wenn alle Faktoren eines Bildes stimmen, jedoch das Bild etwas zu hell oder zu dunkel ist, kann dem so verhältnismäßig einfach manuell gegengesteuert werden. Ist das Bild zu hell, so korrigiert man die Belichtung nach unten (-), ist das Bild zu dunkel, so erhöht man die Belichtung (+). Oft ist es empfehlenswert sich der gewünschten Bildhelligkeit mit ganzen Blendenstufen nach oben oder unten zu nähern, wenn das Bild deutlich unter- oder überbelichtet ist.

ISO

Die ISO stellt den uninteressantesten Aspekt dar. Es sollte bei der ISO lediglich darauf geachtet werden, dass bei wenig Licht die ISO den gewünschten Maximalbereich der Kamera nicht übersteigt. So begrenzt man das Rauschen und erhält immer noch akzeptable Ergebnisse. Mehr als die Helligkeit des Bildes kann man im kreativen Sinne nicht beeinflussen. Die ISO kann häufig separat durch eine Taste an der Kamera eingestellt werden. Meist gibt es die Wahl zwischen der Automatik und den diversen einzelnen Werten. Ratsam ist es, die schon erwähnte ISO-Begrenzung zu nutzen, insofern man dies an der Kamera einstellen kann. So kann das Bildrauschen auf den gewünschten maximalen Wert beschränkt werden und läuft nicht in Gefahr, ungewollt stark verrauschte Bilder zu erzeugen.

BELICHTUNGSZEIT

Inwiefern man mit der Belichtungszeit kreative Fotos machen kann, wurde bereits beschrieben. Oft wird die manuelle Belichtungszeit auch mit der manuellen Blende genutzt. Will man nur die Zeit beeinflussen und alle anderen Einstellungen der Kamera überlassen, so wählt man die Funktion „Blendenautomatik" oder „Zeitvorwahl". Das bedeutet, dass die Blende automatisch gewählt wird. So muss man sich nur auf einen Parameter konzentrieren. Wenn die aufgenommenen Bilder verwackelt sind, kann dem meist mit einer kürzeren Belichtungsdauer entgegengewirkt werden.

BLENDE

Der wohl wichtigste kreative Faktor ist die Blende. Durch den Schärfebereich einer Aufnahme, kann man ein Bild stark in der Wirkung beeinflussen. Man kann z.B. Personen so in Szene setzen, dass diese scharf und der Hinter- und Vordergrund unscharf sind. So wird dem Betrachter unbewusst mitgeteilt, welche Motive des Bildes der Fotograf hervorheben wollte. Die Blende ist der Parameter, der am ehesten einer manuellen Einstellung bedarf und kreativ genutzt werden sollte.

Die Wahl der Blende ist oft die einzige manuelle Einstellung. So kann man die Belichtungszeit und die ISO automatisch berechnen lassen. Diese Option nennt sich auch "Zeitautomatik" oder "Blendenvorwahl".

Der Effekt der Schärfentiefe ist in seiner Intensität von weiteren Faktoren abhängig. So hat zunächst die Größe des Bildsensors den stärksten Einfluss. Je größer der Sensor, umso mehr kann man eine geringe Schärfentiefe nutzen. Auch die Brennweite und der Abstand zum Motiv spielen eine maßgeblich Rolle. Je offener die Blende, geringer der Abstand zum Motiv und mehr Brennweite genutzt wird, desto geringer ist der scharfe Bereich - die Schärfentiefe. Diese kann in einigen Fällen wenige Millimeter betragen. Wird mehr Schärfe benötigt, einfach die Blende ein wenig schließen, sprich die Blendenzahl etwas anheben.

Die Brennweite

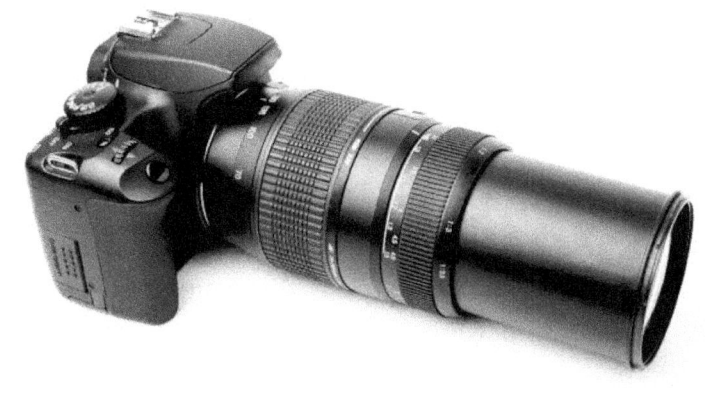

Spiegelreflexkamera mit einem 70-300mm Teleobjektiv

Ein weiterer wichtiger Begriff ist die Brennweite des Objektivs. Die Brennweite, die in Millimetern angegeben wird, beeinflusst den Bildausschnitt. Jedoch sind hier sehr einfach die groben Zusammenhänge zu verstehen. 50mm Brennweite entsprechen der „Normalbrennweite" an einem Bildsensor im Kleinbildformat. Das ist etwa der Bereich, den wir mit dem menschlichen Auge wahrnehmen. Verringert sich die Brennweite unter 50mm, so spricht man von Weitwinkel oder Ultraweitwinkel. Beträgt die Brennweite über 50mm, befindet man sich im Telebereich. Der Weitwinkel ist dafür gedacht, einen sehr großen Bereich abzubilden. Dadurch wirken auch die Motive etwas kleiner.

Teleobjektive bilden immer nur einen kleinen Ausschnitt ab und vergrößern demnach die Szene.

Die Brennweite hat auch Einfluss auf die Schärfentiefe und weiteren Faktoren. Diese würden aber hier zu weit führen und sind oft nicht Bildentscheidend. Wichtiger ist es die Brennweite so einzusetzen, wie man es im kreativen Sinne für richtig hält. Grundsätzlich ist die Schärfentiefe bei weitwinkeligen Aufnahmen höher und Bilder neigen weniger zu Verwacklungsunschärfen. Umgekehrt verhält es sich bei Teleaufnahmen. Hier ist die Schärfentiefe geringer und Bilder neigen eher zu Verwacklungen. Außerdem muss auch genauer fokussiert werden, da ein falscher Fokus durch die geringe Schärfentiefe später schneller sichtbar ist.

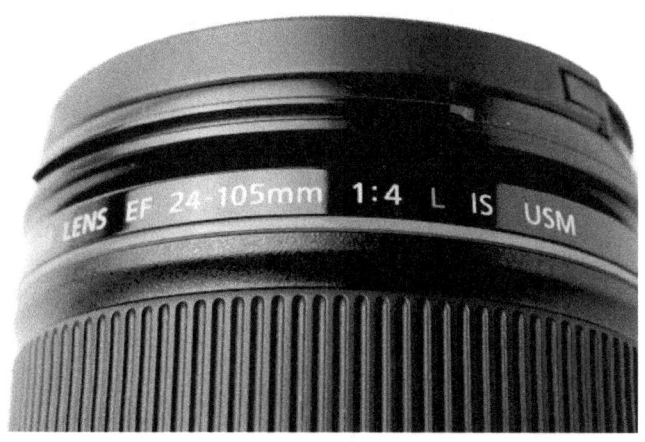

Canon EF 24-105mm Zoomobjektiv

Es gibt qualitativ extreme Unterschiede bei Objektiven. Oft sind teurere Objektive lichtstärker und schärfer. Auch gibt es Zoom Objektive die einen Brennweitenbereich abdecken, z.B. 18-55mm. Oft werden Objektive auch mit „x-fach Zoom" betitelt, wobei x für den Zoomfaktor steht. Diese Angabe ist leider relativ ungenau und unbedeutend. Ein 18-55mm Objektiv ist somit ein 3-fach Zoom (55mm : 18mm ≈ 3), ebenso wie ein 17-50mm ein 3-fach Zoom (50mm : 17mm ≈ 3) ist. Daher sind die Angaben des Zoomfaktors relativ und nur mit Vorsicht zu genießen. Objektive mit einem festen Brennweitenbereich nennt man „Festbrennweiten". Festbrennweiten sind zwar hinsichtlich des Bildausschnittes nur begrenz einsetzbar, jedoch bieten sie für wenig Geld eine hohe Abbildungsleistung. Die meisten Hersteller bieten sehr günstige 50mm Objektive an, die bereits eine Offenblende von f 1,8 bieten. Für Einsteiger gibt es kaum eine bessere Empfehlung, als sich ein 50mm Objektiv zuzulegen.

Fazit

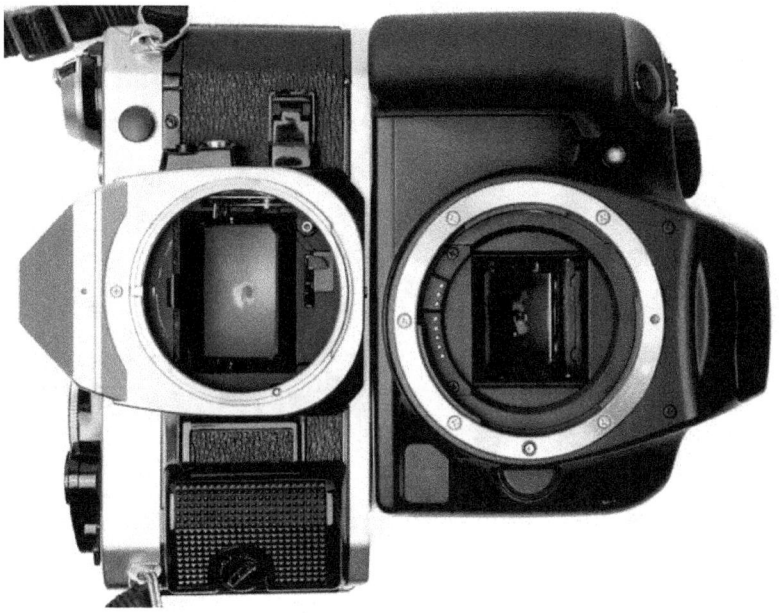

Ich hoffe, dass ich dem einen oder anderen Leser die technischen Grundsätze der Fotografie ein wenig näher bringen konnte. Ich kann nur empfehlen die Kamera nicht nur zu Hause zu testen. Einfach mal rausgehen und dort spannende Motive mit dem hoffentlich neuen Wissen ablichten.

Auch sollte man die Technik nicht zu ernst nehmen. Solange das Foto gut ist, hat auch der Fotograf alles richtig gemacht. Ganz wichtig: Der Fotograf macht das Bild und nicht die Kamera.

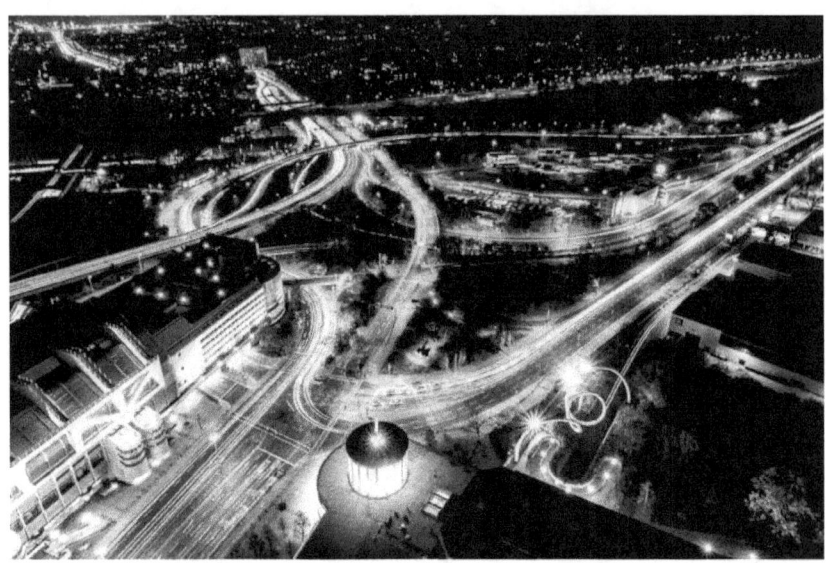

Wer meint schon jetzt gute Bilder zu machen, kann durch das beherrschen der Technik noch bessere Ergebnisse erzielen. Jedoch sollte sich niemand in seiner visuellen Kreativität durch die Technik bremsen lassen. Lass zunächst die Kameraautomatik für dich arbeiten. Erst wenn diese ihre Grenzen erreicht und nicht das gewünschte Bildergebnis erzielt wurde, lohnt es sich, die Kamera Schritt für Schritt manuell einzupegeln, sodass exakt das Bild erzeugt wird, dass du dir vorgestellt hast.

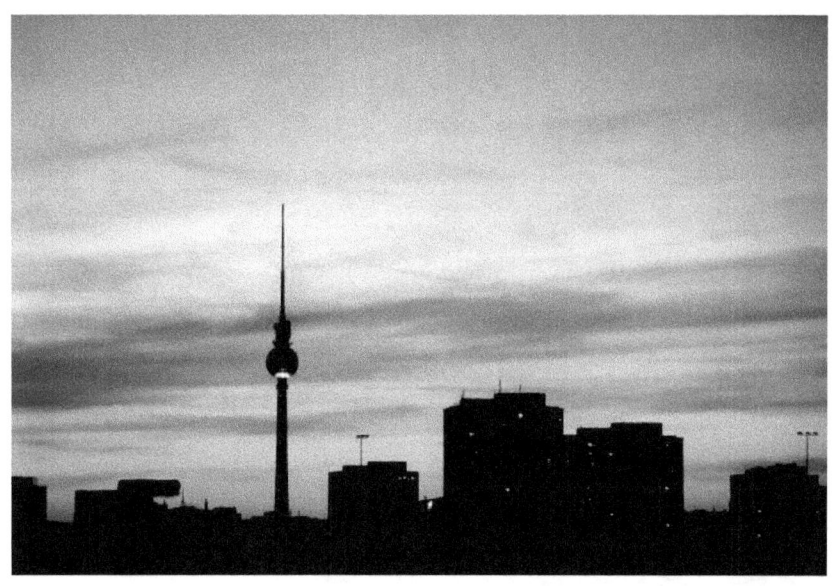

Niemand schafft es in jeder Situation auf anhieb perfekte Bilder zu machen. Lern deine Kamera kennen, indem du dich mit ihr beschäftigst und möglichst viel fotografierst. Je mehr du bewusst fotografierst, umso besser wirst du. Wenn die Lichtbedingungen gleichbleibend sind, versuch auch mal den M-Modus zu nutzen, um die konkreten Auswirkungen der einzelnen Kameraeinstellungen auszuprobieren.

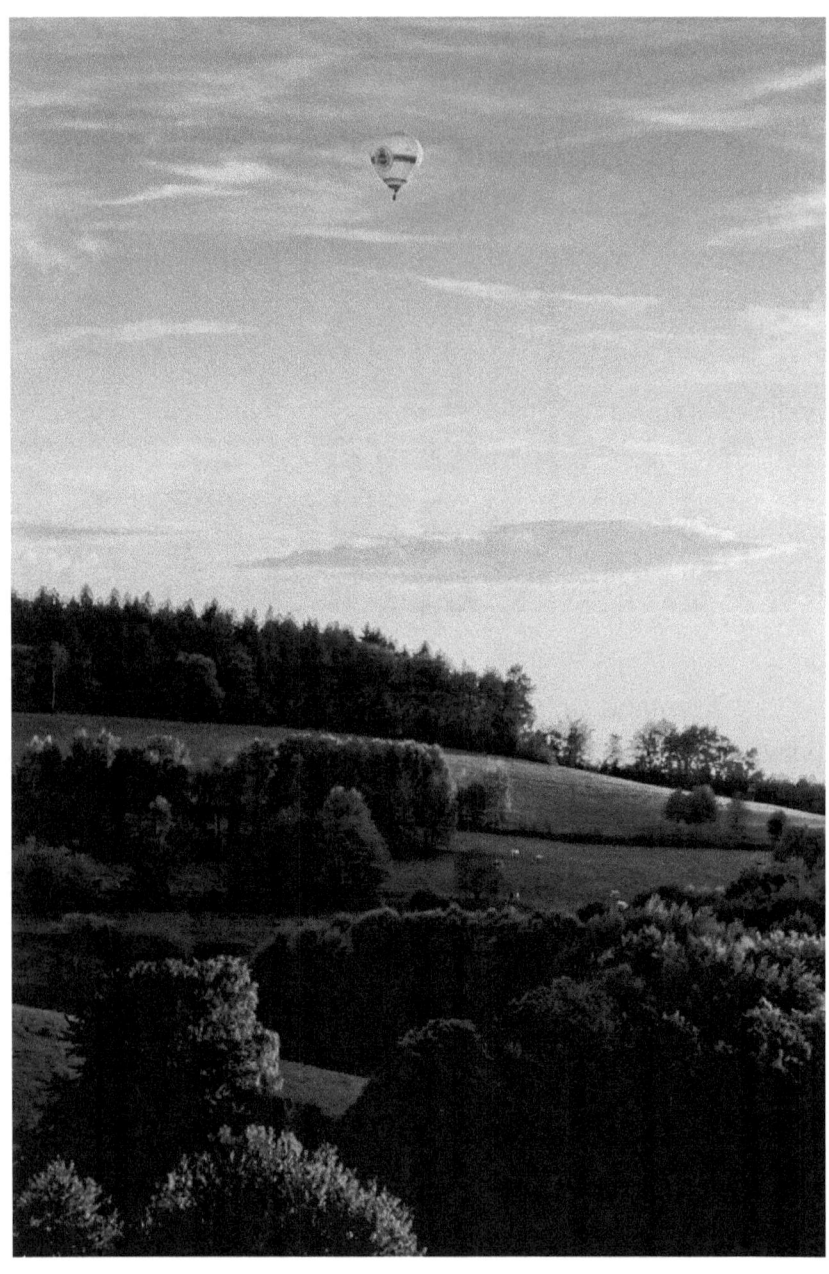

Ein guter Fotograf macht eher gute Fotos mit einer schlechten Kamera die er genau kennt, als mit einer guten Kamera die er das erste Mal benutzt. Nicht zuletzt ist die Fotografie auch ein Handwerk, was durch Theorie, aber besonders durch die Praxis stark verbessert werden kann. Die erfolgreichsten und besten Fotografen sind oft draußen und fotografieren. Immer wieder zeigen Spitzenfotografen mit einer simplen Handykamera, wie gut sie sind und wie unwichtig die Technik sein kann. Erfahrung, Kreativität und Wissen sind die wichtigsten Erfolgsfaktoren.

Ein letzter Tipp: Wenn du mal unkreativ und ideenlos bist, nutze einfach das Internet. Auf Seiten wie flickr.de oder 500px.com kannst du dir Bilder anderer Fotografen anschauen und versuchen diese nachzufotografieren. Auch selbst das einfache durchblättern und anschauen der Bilder schult dein Auge und lässt dich immer besser werden. Abschließend möchte ich mich weiterempfehlen und auf meinen Blog web-done.de hinweisen.

Dankeschön!

4. Ausgabe, März 2014

Als Dankeschön für das zahlreiche positive Feedback bei Amazon und im Apple iBook Store habe ich das Buch überarbeitet und einige Inhalte hinzugefügt. Neben einigen neuen Textabschnitten habe ich viele Bereiche nochmals überarbeitet, sodass diese nun noch verständlicher sind - so zumindest meine Hoffnung. Außerdem habe ich alle Bilder ausgetauscht und diese durch eigene Fotografien ersetzt. Bilder zu den Themengebieten habe ich exklusiv für dieses Buch und passend zu den Erläuterungen erstellt. Diese Aufnahmen wurden mit einer Canon EOS 6D mit dem Canon EF 50mm 2,5 Makro Objektiv fotografiert. Den Schlitzverschluss der Canon EOS 1000D habe ich mit einem iPhone 5S und einem Zeitlupenvideo mit 120 Bildern pro Sekunde erstellt, da das Zeitfenster für ein herkömmliches Foto viel zu kurz ist. Die Landschaftsbilder sind mit unterschiedlichen Kameras und Objektiven entstanden und wurden nur leicht mit Adobe Photoshop Lightroom bearbeitet.

Impressum/ Bildnachweis

© 2014 Alexander Steinhof
Hoper Straße 8, 29690 Lindwedel
E-Mail: buch@web-done.de
Internet: web-done.de
Alle Rechte vorbehalten.

Buchtitel:	**Das Einmaleins der Fotografie**
Autor:	**Alexander Steinhof, LL.B.**
Version:	**4. Ausgabe, März 2014**
ISBN-13:	**978-1496158383**
ISBN-10:	**1496158385**

Buchcover: © Robert Kneschke - Fotolia.com